Heidelbeere

Margot Fischer

Mit Illustrationen von
Linda Wolfsgruber

mandelbaums *kleine gourmandisen*
N° 41

Für Eva

Die Darlegungen in diesem Buch sind sorgfältig recherchiert. Dennoch bieten Informationen zu Heilanwendungen keinen Ersatz für kompetenten medizinischen und pharmazeutischen Rat. Die Angaben sind ohne jegliche Gewährleistung oder Garantie seitens der Autorin und des Verlages.
Die Liste der verwendeten Literatur würde den Rahmen dieses Büchleins sprengen und steht daher auf www.margot-fischer.net

www.mandelbaum.at
ISBN 978-3-85476-937-8

1. Auflage 2022
Lektorat: Inge Fasan
Satz und Umschlaggestaltung: Michael Baiculescu
Illustrationen: Linda Wolfsgruber
Druck: Interpress, Budapest

DIE STILVOLLEN WÄCHTER EINES ZWIELICHTIGEN CAFÉS

Auf dem Weg zur Schule kam ich als Siebenjährige täglich an einem eher übel beleumundeten Kaffeehaus vorbei, vor dessen Eingang bei so gut wie jedem Wetter zwei riesige Chow-Chows saßen; beinahe symmetrisch wie Steinfiguren vor einem Schlossportal und ebenso unbeweglich. Nicht einmal wenn sie bei brütender Hitze hecheln mussten, war eine Regung erkennbar. Sie ließen einfach stoisch die Zungen aus dem Maul hängen.

Diese Zungen waren es, die jene Hunde so interessant für mich machten, kannte ich doch damals noch kein anderes Tier mit blauer Zunge. Ich war überzeugt davon, dass die Farbe von Heidelbeeren stamme und überlegte, wie viel von den Früchten man wohl brauchte, um die beiden Fellberge satt zu bekommen. Von eigenen Beutezügen mit anschließenden Zombiespielen – Heidelbeersaft eignet sich hervorragend als sehr haltbares gruseliges Makeup, auch zum Nachstellen von Krimis mit möglichst echt aussehenden Leichen – wusste ich, dass es reichlich Arbeit macht, auch nur einen kleinen Korb zu füllen; vor allem, wenn man schonend ohne Riffel sammelt.

Der Riffel, eine Art grober Kamm mit Auffangbehälter, ist der Namenspatron der volkstümlichen Bezeichnung nicht nur für die Heidelbeere: Als Riffelbeeren gelten auch Preiselbeeren. Beiden Gewächsen tut das Riffeln nicht gut, da die Zinken des Kamms Blätter und Rinde verletzen. Überdies verleitet das erleichterte Sammeln zum Abtransport allzu großer Mengen aus dem Wald (in vielen Regionen sind Obergrenzen pro Person und Tag festgelegt). Das Riffeln ist daher aus mehreren Gründen verboten.

Faule und Ungeduldige greifen folglich besser zu gezüchteten Heidelbeeren. Mittlerweile gibt es davon sogar schon Sorten mit durchaus interessantem Aroma. Allerdings sind sie nicht so gesund wie ihre wilden Artgenossen – ihrem Fruchtfleisch mangelt es an dem blauen Farbstoff, der nicht nur Zungen färbt, sondern obendrein beachtliche medizinische Wirkung entfaltet. Der Star dieses Büchleins kann allerdings noch viel mehr …

MYSTISCHE WALDFRÜCHTE

Aphrodisierend sollen sie wirken, die kleinen blauen Früchte mit der nabelartigen Einbuchtung, galt doch der Nabel als Sitz »unkeuscher Gelüste«. Ganz abwegig ist der Gedanke nicht: Die Inhaltsstoffe schützen die Körperzellen vor vorzeitiger Alterung und halten dadurch fit und attraktiv. Dies reflektiert schon ein alter Volksspruch aus Kassel: »Heidelbeeren, heidel,/Was sind die Mädchen doch eitel!/Und wenn sie nicht so eitel wären,/ So äßen sie keine Heidelbeeren.« Auch die Legende, Heidelbeeren verliehen die Gabe des Hellsehens, entbehrt nicht ganz einer reellen Grundlage: Heidelbeeren beschleunigen die Regeneration des Sehpigments Rhodopsin und schützen die feinen Gefäße in der Netzhaut des Auges vor der Entwicklung einer Makuladegeneration. Piloten der British Royal Air Force genossen im Zweiten Weltkrieg vor nächtlichen Einsätzen Heidelbeermarmelade, um ihre Sicht bei Dunkelheit zu verbessern.

Am Weihnachtsabend war ein Heidelbeergericht allerdings nicht angezeigt, da es laut Volksmund den Essern Trauer bescherte. Nicht zum Scherzen aufgelegt waren sicher auch römische Sklaven, deren Kleidung zur weithin sichtbaren Kennzeichnung mit dem Saft der Früchte gefärbt war, wie Plinius der Ältere im 1. Jahrhundert erzählt. Für die Verwendung als Ersatz für Indigo gibt es einen schriftlichen Beleg aus dem 15. Jahrhundert. Schreiber und die Maler von Landkarten benutzten Heidelbeersaft für ihre kunstvollen Darstellungen, Gerber setzten die Pflanze zur Herstellung von Leder ein. Purpurne und violette Töne ließen sich durch Zusatz von Salmiak, Alaun, Galläpfeln und Grünspan erzielen. In Irland dienten die Blätter zum Grünfärben. Plinius verrät uns auch, dass Heidelbeeren eigens als Lockmittel für den Vogelfang gezüchtet wurden. Ebenso wenig erfreuliche Assoziationen bietet die Deutung von Träumen, durch welche die Beeren geistern: Ihr Erscheinen verheiße Unglück. Ebenfalls nichts Gutes zu erwarten haben der Legende nach jene, die auf Hawaii die Vulkangöttin Pele erzürnen, indem sie die dort endemische Art Ohelo *(Vaccinium reticulatum)* verspeisen, ohne der Schöpferin der Insel einige Früchte als Opfer darzubringen.

Glück hingegen – und zwar Sammlerglück – versprach das an archaische Ernteopfer erinnernde Brauchtum, je nach Region drei oder neun Heidelbeeren auf einem Baumstamm, wesentlich häufiger noch auf einem Stein, zu zerdrücken. In einigen Gegenden musste das Ritual auf dem Heimweg erfolgen, um ein sicheres Heimbringen der Ernte ohne Stolpern und Ausschütten zu gewährleisten. Bereits in der Antike war es üblich, Grenzsteine zu besprengen, damals allerdings mit Opferblut. Der Heidelbeersaft auf dem Stein sollte zudem vor Angriffen durch den *Äuglbeermann, Heidelbeermann,* das *Heiwermännle* oder auch *Haibeerwible* schützen, die auf die mühsam erarbeitete Ernte lauern. Als Angstbewältigungsstrategie kann wohl ein beliebtes Pausenspiel der sammelnden Kinder betrachtet werden: Ein Kind wird als *Beerbär* mit Reisig sowie Früchten geschmückt und lauert den Kleinen auf oder schleicht sich an sie heran, um sie zu fangen.

Beim Pflücken auf den Boden fallende Früchte ließ man für die *Große Göttin, Mutter Erde,* liegen. Eine kluge Gewohnheit, um die Erhaltung der Bestände zu sichern. In der christlichen Tradition übernimmt Maria die

Rolle der *Großen Muttergöttin*. Sie übergibt dem Heiligen Gangolf die Perlen ihres Rosenkranzes. Er sät sie aus, worauf daraus Heidelbeersträucher wachsen. Quasi Chefsache sind die Heidelbeeren auch bei den Indigenen Nordamerikas: Sie betrachteten die Früchte als Gabe des *Großen Geistes*, der seine Kinder damit vor dem Hungertod bewahrte und gleichzeitig vor zahlreichen Krankheiten schützte. Vor Eindringlingen schützend sollen Heidelbeeren bevorzugt an den Eingängen zu unterirdischen Höhlen wachsen, in denen Zwerge ihre Schätze bewachen.

Zwerge interessieren sich augenscheinlich weniger für die Beeren, dafür bestehlen die in Baumhöhlen wohnenden Erdmännlein dem Volksglauben nach die sammelnden Kinder. Hilfreich hingegen sind die Bayerbacher *Beeremaidili* und die *saligen Fräulein* in Tirol, die flott alle Körbchen voll sammeln. So erfüllen sie den in Sachsen gebräuchlichen frommen Wunsch zu Beginn der Ernte: »Das walte Gott! Die erste Beere,/ wenn nur mei Topp glei voller wäre!« Gefüllte Gefäße bedeckte man mit einem Stück Brot, um die Beeren liebenden Lederwanzen fernzuhalten, die an die Früchte einen widerlichen Geruch und Geschmack abgeben.

Kinder, die zum ersten Mal zum Sammeln mitgingen, mussten eine Art Initiationsritual über sich ergehen lassen. Am häufigsten hatten sie an der ersten Wegkreuzung niederzuknien (Kreuzungen hatten schon früh Bedeutung als Sitz starker Mächte) oder in spezielle Bäume zu beißen. Meist handelte es sich um vom Blitz gespaltene Stämme, deren Splitter auch gegen Zahnschmerzen helfen sollten, oder aber um mit Nägeln (als Opfer) versehene Exemplare, in deren Metallstifte zu beißen war. Interessant ist hier die Parallele zu einem Bericht aus dem 3. Jahrhundert v. d. Z.: Kallimachos von Kyrene, ein alexandrinischer Bibliothekar, der sich unter anderem mit Kult und Brauchtum beschäftigte, erzählt von Seefahrern, die auf der Insel Delos um den Altar des Apollo zu laufen pflegten und danach in den Stamm eines heiligen Ölbaums bissen, ohne ihn mit den Händen zu berühren. Es handelt sich dabei um Rituale der Grenzüberschreitung und Kraftübertragung. Bei den Nägeln spielt sicher auch eine dem Eisen zugesprochene dämonenbannende und zauberlösende Kraft eine Rolle. Die Vorstellung, Neulinge wären besonders durch böse Mächte gefährdet, spiegelt sich auch im Brauch, jenen, die erstmals zum Sammeln mitgehen, mit dem Saft zerdrückter Heidelbeeren drei Kreuze auf die Stirn zu malen.

Glaubt man der Legende, sollten Schwangere in der Gegend von Karlsbad keine Heidelbeeren pflücken, wollten sie nicht riskieren, ihr Kind mit zahlreichen schwarzen Muttermalen zur Welt zu bringen. Als Kindern noch weniger zuträglich galt das Sammeln der Beeren am 2. Juli, da Maria am Tag ihrer Heimsuchung auf einem weißen Pferd durch den Wald reitet und die sich dort aufhaltenden Kinder mitnimmt. In anderen Gegenden wieder wird gerade der Sonntag der Heimsuchung als *Bickbeerensonntag* gefeiert, an dem alle Generationen in den Wald sammeln gehen für einen abends gemeinsam genossenen Kuchen. Zum Zeitvertreib wird dabei gerne gesungen, wie ein verbreitetes Lied dokumentiert: »Heidelbeerleit sind lustige Leit; sieht man sie nicht, so hört man sie weit.« Ab dem Bartholomäustag (24. August) wird in vielen Gegenden nicht mehr gepflückt: »Da hat der Bartholomä hineingeschissen.« Für Bauern, Hirten und Winzer markierte der Tag das Ende des Sommers mit klimatischer Zäsur; ein Lostag, der sich in zahlreichen Bauernregeln niederschlägt. Meist wurde zu diesem Datum auch die Getreide- und Flachsernte beendet und das Erntefest begangen.

Ob Heidelbeeren als Namensgeber der Stadt Heidelberg gelten können, war immer wieder Gegenstand von Diskussionen. Die wohl stärksten Argumente fand Paulus Schede Melissus, Humanist und Leiter der Bibliotheca Palatina, der wichtigsten deutschen Renaissancebibliothek. Er betont das reichliche Vorkommen von Heidelbeeren auf den Bergen in der Umgebung der Stadt, die in Waldakten um 1700 registriert sind. Überdies berichtet Melissus von einem Brunnen am Schlossweg, der zwei Schilde trug. Auf einem der beiden sei ein mit Heidelbeeren bewachsener Berg und ein Mädchen mit Heidelbeerbüscheln in der Hand dargestellt. Früher, so Melissus weiter, habe auch eine Stadtfahne die gleiche Darstellung getragen. Bei den Zweigen auf dem Gründungssiegel der Universität Heidelberg soll es sich ebenfalls um Heidelbeerbüsche handeln.

Heidelberg hatte sogar Einfluss auf die klassische Literatur. Wer weiß, wie der Name des Helden der *Adventures of Huckleberry Finn* (= Heidelbeer-Finn) ausgefallen wäre, hätte Mark Twain während seiner Arbeit an diesem Roman nicht einige Monate in Heidelberg verbracht.

HEIDELBEEREN ALS OBJEKT DER BEGIERDE

Schon lange vor ihrem »Outing« als Superfood erfreuten sich Heidelbeeren nicht nur bei Bienen enormer Beliebtheit: *Ötzi*, die älteste Gletschermumie der Welt aus der Zeit um 3.300 v. d. Z., enthält Pollen von Heidelbeeren, und Funde aus der Steinzeit in diversen Regionen zeugen von vielfacher Nutzung der gesamten Pflanze von den Wurzeln bis zu den Früchten.

In angelsächsischen und altdeutschen Texten werden Heidelbeeren nur gelegentlich erwähnt. Wenig Wertschätzung erfahren die Früchte in der Redensart »ein heidelber geben« (= wenig geben), wie wir aus dem

Versepos *Renner* aus dem 14. Jahrhundert wissen. Dennoch ermöglichten Heidelbeeren der ärmeren Bevölkerung bereits im Mittelalter ein nicht zu vernachlässigendes Zusatzeinkommen. Bewohner von Walddörfern, in denen die Heidelbeerernte eine Haupterwerbsquelle darstellt, mussten sich allerdings den Spott reicherer Nachbarn gefallen lassen – ebenso wie das Klischee, arme Menschen seien unsauber: »Wenn Heidelbeerleute tanzen,/ dann wackeln die Fransen,/ da hüpfen die Flöh'/ schnurgrad' in die Höh'!« Zur Unterstützung einkommensschwacher Schichten ist das Pflücken als gewohnheitsmäßiges Recht der Bevölkerung bereits in Gesetzestexten aus dem 16. Jahrhundert festgehalten. Trotzdem ließen sich in einigen Regionen die Waldbesitzer die Sammelerlaubnis teuer bezahlen, vor allem von ortsfremden Personen.

Ab dem 17. Jahrhundert sind StraßenhändlerInnen belegt, die mit Rückentragen oft extrem lange Wege zu Fuß zurücklegten, um in den Städten und heidelbeerlosen Regionen ihre Ware anzupreisen. Ab dem 18. Jahrhundert sorgten Zwischenhändler für einen beachtlichen Aufschwung des Umsatzes. Berichte zeugen vom Verfrachten ganzer Schiffsladungen zu den deutschen Seehäfen. Die Ware diente hauptsächlich zum Färben. Getrocknete Heidelbeeren wurden häufig nach Frankreich exportiert, wo man sie zum Färben von Weißwein einsetzte. Mit der steigenden Nachfrage nach natürlichen Farbstoffen im 20. Jahrhundert und der zunehmenden Optimierung von Herstellungsprozessen, auch im Hinblick auf eine weitgehende Ausnutzung von Neben- und Abfallprodukten, dienen Heidelbeeren heute wieder vermehrt zum Färben von Nahrungsmitteln wie Joghurt, Eiscreme und Desserts oder von pharmazeutischen Produkten. Die Farbpalette reicht von blau über violett bis rötlich, je nachdem wie sauer das Produkt ist.

Je niedriger der pH-Wert (je saurer das zu färbende Material), umso rötlicher ist der Farbton. Der Vorteil eines natürlichen, ungiftigen Farbstoffes wird ergänzt durch die wertvollen Inhaltsstoffe mit ihren positiven Wirkungen. So wird das gefärbte Produkt sogar zum Functional Food.

Mit der Beschleunigung des Transports durch den Ausbau des Eisenbahnnetzes ließ sich die empfindliche Ware in guter Qualität frisch in die Städte liefern. Somit trat der kulinarische Aspekt der Früchte in den Vordergrund. SammlerInnen konnten 1907 mit 1 Kilogramm Heidelbeeren einen Erlös von 24 Pfennig erzielen. Zum Vergleich: Ein Tischlergeselle verdiente damals etwa 35 Pfennig pro Stunde. Nach dem Ersten Weltkrieg stiegen die Preise rasant an. Laut *Gießener Anzeiger* vom 24. Juli 1919 vermochte eine kinderreiche Familie gut 50 Mark und mehr pro Tag (!) zu verdienen, während der durchschnittliche Monatslohn eines Arbeiters in diesem Jahr bei 127 Mark lag. Kein Wunder, dass in vielen Gegenden bei der Planung der Schulferien die Reifezeit der Heidelbeeren eine entscheidende Rolle spielte.

Vor allem in wirtschaftlich schwierigen Zeiten kam es zu einer übermäßigen Ausbeutung der Bestände. SammlerInnen reisten von weit her an, die Konkurrenz stiftete Unfrieden. Die Ausgabe von Sammelberechtigungen wurde daher auf weite Flächen ausgedehnt – ein zusätzliches Einkommen für die Forstbesitzer und wohl auch die Förster. Letztere kontrollierten nicht nur die Bewilligungen, sondern auch die Einhaltung des Riffelverbots. Ein Verstoß gegen das Verbot führte zum Entzug der Bewilligung. Findige Frauen verwendeten daher gerne große Kämme, die sie bei Gefahr rasch in ihr Haar stecken konnten.

HEIDELBEEREN ALS BELIEBTES MOTIV

Während im 19. Jahrhundert noch Heidelbeeren zur Illustration idyllischer Waldstimmungen dienten, in denen sich etwa die Pflänzchen unter Vogelgezwitscher an einen Nadelbaum schmiegten, und diese klassischen Sommerfrüchte in Romanen längst vergangene »Heumonde« (die altertümliche Bezeichnung für den Juli) heraufbeschwören, strapazieren drogenerheiterte Textgestalter wie der Austropop-Sänger Wilfried gerne das naheliegende Wortspiel *Highdelbeeren*. Auch *Highdelberg* existiert – als Name für Hochprozentiges oder für eine Band, die vorwiegend Krautrock spielte.

Auch im angloamerikanischen Sprachraum hat die Heidelbeere eine wenig schmeichelhafte Bedeutung: Der Begriff bezeichnet ein Teammitglied, das einer Mannschaft zugelost, also nicht vom Teamchef gewählt wird. Es handelt sich meist nicht gerade um den besten Spieler. Nicht erwählt wurden auch jene, die auf Snapchat oder Instagram eine Heidelbeere posten. Die Frucht signalisiert den Status »Single«.

Tauchen Heidelbeeren in einem Liedtext auf, sind selten einfach nur die köstlichen kleinen Früchte gemeint. Zu den unschuldigsten Nummern zählt dabei noch *Blueberry Hill*, ein Klassiker, den unter anderem Elvis Presley und Louis Armstrong interpretierten. Hier steht das Blau wohl für den Blues, die Traurigkeit über die Erfolglosigkeit der Liebessschwüre. Ebenso wenig Nähe zur Realität haben Heidelbeeren in *Blueberry Pies* bei Texten aus dem Londoner Raum. Es handelt sich dabei um einen Ausdruck aus dem Cockney, einen Reimwort-benutzenden Slang: Die *pies* sind in diesen Fällen demnach leider nur *lies* (Lügen). Da hat Dean Brody mit seiner Sommerliebschaft in *Blueberry Sky* schon mehr Glück, auch wenn sie nur einen Sommer lang dauert und ihn seinen Ferienjob kostet.

Bei *Blueberry Faygo* steckt hinter einem Liedchen mit kindlich harmlos klingender Melodie und dem Namen einer Limonade ein Text, der es in sich hat. Der Titel dieses Liedes ist eigentlich eine Anspielung auf eine bestimmte Geschmacksrichtung eines Erfrischungsgetränks, das in den USA in manchen Kreisen besonders beliebt ist. Der Grund, warum ein Hardcore-Rapper wie Lil Mosey einen Song nach einer Limonade benennt, liegt darin, dass die besagte Marke häufig zur Herstellung von *lean* verwendet wird. *Lean* ist eine illegale Mischung aus Codein-haltigem Hustensaft, Bonbons und Limonade, die als starkes Rauschmittel dient. Interessanterweise wurde dieses Gebräu in den letzten Jahren von einer Reihe von Rappern propagiert.

Und wenn Lady Gaga in *Blueberry Kisses* von einem *Muffin Man* erzählt, meint sie keinen Besuch in der Konditorei. Der Liedtext steckt voller Anspielungen, in denen nicht nur von den Lippen im Gesicht die Rede ist und der *Muffin Man* definitiv nicht an süßen Gebäckstücken knabbert (*muff* ist ein Slangausdruck für Vagina). Weniger Erotik, dafür so gut wie alle Themen, die brave Bürger schrecken, bietet Gangsta-Rapper Snoop Dog in seiner Nummer *Blueberry.*

Als Ausgleich zu so viel exzessivem Leben bietet sich ein wenig Seemannsgarn von Käpt'n Blaubär, einer vom Comiczeichner, Illustrator und Schriftsteller Walter Moers geschaffenen Figur aus der (Kinder-)*Sendung mit der Maus* an beziehungsweise die Lektüre des Moers'schen Opus *Die 13½ Leben des Käpt'n Blaubär* in der fiktiven Welt Zamonien. Oder – noch besser: ein kurzer Exkurs in die Botanik.

EIN WENIG BOTANIK

Blaubeere, Schwarzbeere, B(l)ickbeere, Heidelbeere, Taubeere, Krackbeere, Waldbeere, Moosbeere (nicht zu verwechseln mit der nordischen Moosbeere), Riffelbeere, Mostbeere, Haselbeeri, Krähenauge, Sentbeere, Zeckbeere, Wehlen, blaue Besing (Verkleinerungsform von *bes* aus urgermanisch *basi* = Beere), Worbel – viele Namen hat die Gattung aus der Familie der Heidekrautgewächse *(Ericaceae)*, die so unterschiedliche Pflanzen wie das nur 5 cm kleine *Vaccinium angustifolium* Nordamerikas bis zum baumhohen *Vaccinium padifolium* in den Bergen Madeiras umfasst. In Europa am weitesten verbreitet ist die Art *Vaccinium myrtillus*, auch *Vaccinium angulosum*, *Vaccinium montanum*, *Myrtillus niger* oder *Myrtillus sylvatica* genannt.

Der bis zu 30 Jahre ausdauernde Zwergstrauch wird 30–50 cm hoch und gedeiht bevorzugt auf sauren (pH 4 bis 5), kalk- und nährstoffarmen Böden, idealerweise mit Moos, in lichten Laub- und Nadelwäldern sowie auf Heiden und Torfmooren in Europa und Asien, vereinzelt bis 2.800 m Seehöhe. Der Wurzelstock kriecht weit und verzweigt sich stark. Die Zweige sind grün, mit geflügelten Kanten und stark verästelt. Die wechselständigen, zugespitzten kahlen Blätter sind kurz gestielt, rundlich eiförmig und fein gesägt, im Sommer grün, im Herbst rot. Die weißgrünlichen bis kräftig rosa überlaufenen Blüten mit vier bis fünf zurückgeschlagenen Zipfeln und kugelig-glockenförmigem Kelch hängen von Mai bis Juli einzeln in den Blattachseln. Die kugeligen Früchte mit 5 bis 8 mm Durchmesser, zahlreichen Samen und dunkelblauem Saft sind blauschwarz. Seltener ist eine Albinoform der Heidelbeere zu beobachten mit grünlich-weißen Früchten, die wesentlich mehr Zucker enthalten als ihre dunkelblauen Artgenossen. Heidelbeeren sind mit einer Wachsschicht bereift, die weißlich oder glänzend erscheint. Das Wachs schützt vor Austrocknung, UV-Strahlung sowie Angriffen durch Schädlinge. Es kontrolliert zudem die Aufnahme von Wasser und chemischen Substanzen in die Frucht.

Die Erntezeit der Früchte liegt zwischen Mitte Juni und September. Anfangs sind die Beeren fruchtig und eher herb, vollreife Exemplare sind weich und süß, vergären allerdings rasch. Laut Volksmund zeichnen sich die Früchte am 25. Juli, dem Namenstag des Heiligen Jakob, durch besonders feines Aroma und gesteigerte Heilwirkung aus. Je nach Standort und Art schwankt der Gehalt der Früchte an den besonders wertvollen antioxidativen Substanzen (die sich bei Zuchtpflanzen fast ausschließlich in den äußeren Schichten finden) zwischen 18 und 700 mg pro 100 g. Die europäische Art *Vaccinium myrtillus* bietet die besten Werte. Generell weisen wilde Exemplare wesentlich höhere Gehalte als Zuchtfrüchte auf. Nährstoffarme und lichtreiche Plätze fördern zusätzlich die Bildung wertbestimmender Bestandteile. Längere Lagerung (vor allem bei hohen Temperaturen), aber auch Verarbeitungsschritte wie Auspressen, Saftklären, Geleekochen und Trocknen mit Heißluft führen zu Verlusten von bis zu 85 % der aktiven Substanzen.

Heidelbeerpflanzen sind, was Umweltbedingungen anbelangt, ziemlich robust. Sie profitieren sogar von einem erhöhten Kohlendioxidgehalt in der Luft und erholen sich rasch von Bränden. Ihre Resistenz gegen Nährstoffmangel, Dürre und Umweltgifte verdanken die Pflanzen ihrem weit verzweigten Wurzelsystem, das überdies eine Symbiose mit Pilzen eingeht, vor allem mit *Pezizella ericae* und dem Schwermetalle tolerierenden *Oidiodendron maius*. Die Pilze fördern die Aufnahme von Nährstoffen und schützen vor Schadstoffen. Im Gegenzug bietet die Pflanze dem Pilz Kohlenhydrate, die er selbst nicht bilden kann. Zu schaffen machen

Heidelbeeren Kalk, wärmere Winter und der Pilz *Podosphaera myrtillina var. myrtillina*, der die Blätter von Heidekrautgewächsen befällt.

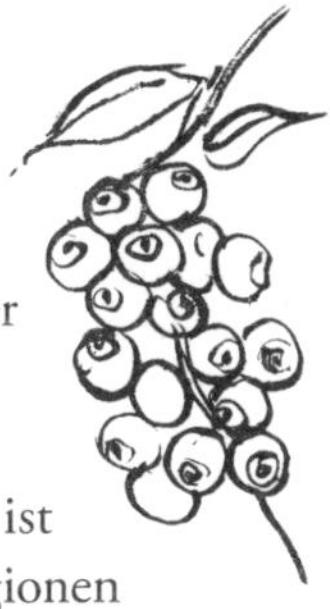

Gelegentlich kommt es zu Spontankreuzungen der Heidelbeere mit ihrer Verwandten, der Preiselbeere, *Vaccinium vitis-idaea*. Das Ergebnis, die Mittlere oder Bastard-Heidelbeere, *Vaccinium x intermedium*, wurde erstmals 1834 von Johann Friedrich Ruthe beschrieben. Die Pflanze ist selten und kommt nur in vereinzelten Regionen Nordeuropas und Russlands vor. Die Blätter, rosa Blüten und rötlich-violetten Früchte weisen Charakteristika beider Elternpflanzen auf, ebenso die Inhaltsstoffe.

Wie alle Pilze und Waldfrüchte sind Heidelbeeren nach der Reaktorexplosion von Tschernobyl 1986 in zahlreichen Regionen Europas immer noch mit radioaktivem Cäsium belastet. Allerdings erklärt das deutsche Bundesumweltministerium, dass übliche Verzehrsmengen keine Gefahr darstellen. Die Strahlenbelastung durch einen Interkontinentalflug sei höher.

In seltenen Fällen können Pflanzen mit Eiern des Fuchsbandwurmes, *Echinococcus multilocularis*, kontaminiert sein. Sorgfältiges Waschen der Hände und Früchte nach einem Waldbesuch in einem befallenen Gebiet ist daher anzuraten. Zur Sicherheit können die Beeren auf 70 °C erhitzt werden, um die Eier abzutöten. Tiefkühlen ist wirkungslos. Eine wesentlich größere Ansteckungsgefahr als von den Früchten geht allerdings von Hunden aus und von freilaufenden Katzen, in deren Fell die Eier des Fuchsbandwurmes hängenbleiben und die infizierte Mäuse fressen.

Seit etwa 1900 gelingt die Zucht von Heidelbeeren. Die Unterscheidung von Wildheidelbeeren ist einfach: Ungezähmte Früchte sind durchgängig gefärbt, Kulturheidelbeeren (entwickelt aus den in Nordamerika beheimateten Arten *Vaccinium angustifolium* und *Vaccinium corymbosum*) tragen wesentlich größere Früchte mit grünlich-weißem Fruchtfleisch und einer robusteren Schale. Auch sie brauchen saure Böden (Rhododendronerde zum Anpflanzen verwenden) und mögen keinen Kalk (nicht mit Leitungswasser gießen). Je nach Sorte werden die Sträucher bis zu mehrere Meter hoch und bieten einen Ertrag von bis zu 8 Kilogramm. Von den rund 100 Zuchtsorten bietet sich für Topf oder Balkon vor allem die zahlreiche Früchte tragende *Northsky* an. Im Garten finden höherwüchsige ertragreiche Sorten wie *Bluecrop, Duke, Elisabeth* (bestes Aroma und sehr frosthart), *Goldtraube, Patriot* oder *Pilot* Platz. Wer die Erntesaison ausdehnen möchte, setzt *Earlyblue*, die bereits ab Anfang Juli erntereif wird, und ergänzt mit *Jersey*, die bis in den September Früchte trägt. Unterschiedliche Sorten bieten zudem ein reizvolleres Bild im Garten.

Interessant ist die »Semikultivierung« genannte Nutzung der amerikanischen Wildheidelbeere *Vaccinium angustifolium*. Dabei schützen die Bauern Bestände an natürlichen Standorten gegen tierische Heidelbeergenießer wie Bären, Waschbären, Kojoten, Füchse, Stachelschweine, Rotwild und Vögel mittels Elektrozäunen und Beschallung mit den Rufen von Beutegreifern (früher mit dem wertenden Begriff Raubtiere bezeichnet). Zur Ertragssteigerung werden die Felder bis heute alle paar Jahre abgebrannt, wie es schon die Indigenen Nordamerikas taten, um Büsche in Zaum zu halten und die Erde zu düngen. Die Heidelbeerpflanzen tolerieren Feuer, wachsen nach Bränden sogar üppiger. Ihr Wurzelsystem kann bis zu 100 Jahre überdauern, bis Wachstumsbedingungen wie Licht und Feuchtigkeit wieder optimal sind.

Das Abschneiden der Pflanzen nach der Ernte dient ebenfalls der Ertragssteigerung. Viele Bauern mieten Bienen zur Bestäubung, einige bevorzugen Hummeln, die auch bei kälterem und feuchterem Wetter fliegen. Zudem beschallen Hummeln (u. a. auch Solitärbienen) die Blüten durch ihr Summen, um festsitzenden Pollen aus tiefen Schichten der Blüten freizusetzen und ihn weiterzutragen. Die Berglandhummel, *Bombus monticula*, tritt bevorzugt in Heide- und Moorgebieten mit Heidelbeerbestand auf und heißt daher im englischsprachigen Raum *Bilberry Bumblebee*, Heidelbeerhummel.

In Asien beheimatet ist *Vaccinium bracteatum*, ein kleiner Baum oder großer Strauch mit dunkelvioletten essbaren Früchten. In China ist er in Semikultivierung. Traditionell dienen die Früchte als Nahrung. Aus den Blättern lässt sich ein bläulich-violetter Farbstoff extrahieren, der als Haartönung, zum Färben von Essig und zum Kochen verwendet wird. Kulinarisch interessant: Reis, über Nacht mit pürierten Blättern eingeweicht, wird beim Kochen schwarz.

Vorsicht ist geboten bei zwei Familienmitgliedern: Die Gewöhnliche Rauschbeere, *Vaccinium uliginosum*, und die Kleinblättrige Rauschbeere, *Vaccinium gaultheroides*, haben helles Fruchtfleisch. Ihre Zweige sind braun und rund, die Blätter ganzrandig. Der Volksmund nennt diese Pflanzen Tollbeere, Schwindelbeere, Trunkelbeere oder Rauschbeerli, da nach dem Verzehr der – übrigens sehr fade schmeckenden – Beeren rauschartige Zustände beobachtet wurden. Allerdings sind die Wirkungen nicht auf die Inhaltsstoffe der Pflanze selbst zurückzuführen, sondern auf einen Pilz namens *Sclertotinia megalospora*, der gelegentlich in der Beere schmarotzt. Dies ist der Grund, warum nicht jeder Genuss der Rauschbeere zu Vergiftungserscheinungen führt und die Pflanze in der Volksmedizin wie ihre Verwandte verwendet wurde.

»In der Heidelbeerernte kann der Arzt auf Urlaub gehen«, besagt nicht ganz zu Unrecht eine alte Volksweisheit. Die Äbtissin Hildegard von Bingen empfahl im 12. Jahrhundert getrocknete Beeren zur Wundheilung. Der deutsche Botaniker und Arzt Hieronymus Bock verweist 1539 in seinem *Kreütter Buch* ausführlich auf die Heilwirkungen der Pflanze, unter anderem bei Magenbeschwerden und Lungenkrankheiten. Auch Tabaernemontanus, Lonicerus und weitere Größen der Pflanzenheilkunde beschreiben die Anwendungen von Früchten und Blättern der Heidelbeere bei Entzündungen im Mund und Magen, bei Gallenleiden, Nieren- und Blasensteinen. Der Mediziner Bartholomaeus Zorn empfiehlt in seinem 1714 erschienen Werk auch die Anwendung der pulverisierten Wurzel, ein bei den Indigenen Nordamerikas gebräuchliches Mittel gegen Herzbeschwerden und Arthritis. Im 19. Jahrhundert nannte Kräuterpfarrer Sebastian Kneipp getrocknete Heidelbeeren »Diarrhöestillpillchen«, da sich leichte Durchfälle durch das Kauen einiger Früchte beheben lassen, und meinte gar: »Kein Haus sollte sein, dass nicht eine gute Portion Heidelbeeren dörrt und fürs Jahr aufbewahrt. Sie sind zu gar vielem nütze.« Sein Schweizer Pendant, Kräuterpfarrer Johann Künzle, erweitert die gängigen Anwendungen um eine Nutzung der Früchte zum Austreiben von Madenwürmern und eine Abkochung der Blätter als Mittel gegen Haarausfall. Tatsächlich hatte der Naturheiler auch in hohem Alter noch eine beachtlich dichte Mähne.

Die gerbstoffreichen getrockneten Heidelbeerfrüchte dienen bis heute der Behandlung von leichten Entzündungen im Mund und Rachen, von oberflächlichen Wunden und akutem Durchfall. Ein dick eingekochtes Mus aus den getrockneten Beeren wurde gegen die Ruhr eingesetzt.

Auch die Blätter sind reich an Gerbstoffen (bis zu 7 %). Vor der Entdeckung des Insulins zählten sie zu den am häufigsten gegen Diabetes eingesetzten pflanzlichen Arzneimitteln. Noch Anfang des 20. Jahrhunderts produzierte der Apotheker Max Jasper *Pilulae myrtilli Jasper* mit 0,12 g Heidelbeerblätterextrakt, nachdem der Berliner Arzt Rudolf Weil von Patienten berichtet hatte, bei denen der Harnzucker nach dreimonatiger Kur mit Heidelbeerblättern verschwunden war. Gelegentlich werden die Blätter noch gegen Blasenentzündungen angewendet.

Eine interessante Nutzung der Blätter ergibt sich in der Hühnerhaltung. Der Zusatz von Heidelbeerblättern zum Futter verbesserte die Gesundheit der Hennen und erhöhte den Gehalt der Eier an Antioxidantien, was sie gesünder und haltbarer machte. Übertreiben sollte man es jedoch nicht: Im Tierversuch erwiesen sich besonders hoch dosierte Zubereitungen der Blätter bei kontinuierlicher Verabreichung als giftig. Von einer längerfristigen innerlichen Anwendung sehr großer Mengen an Blättern ist daher abzuraten. Äußerlicher Gebrauch ist unproblematisch.

Ein schönes Beispiel, wie ökonomische Aspekte und ein allgemeiner Trend zu natürlichen Wirkstoffen sowohl bei der Herstellung von Nahrungsmitteln als auch in der pharmazeutischen und kosmetischen Industrie zu nachhaltigeren Produktionsmethoden führen, bietet die Verwendung der Blätter und des Öles der Samen. Bei der Ernte fallen tonnenweise Blätter an, bei der Saftproduktion entstehen noch größere Mengen an Fruchtpresskuchen; beides wurde früher bestenfalls als Tierfutter verwendet, meist jedoch als Abfall ungenutzt entsorgt. Heute dienen sie als Rohstoff hochwirksamer Präparate und als natürliches Konservierungsmittel für Fleischprodukte, da sie antibiotisch wirken und den Fettverderb hintanhalten. Heidelbeerblätterextrakt erhält die Straffheit des Bindegewebes und schützt gegen Schäden durch UVA-Strahlung, die den Hauptteil der auf die Erde treffenden ultravioletten Strahlung der Sonne ausmacht. Sie dringt tief ins Hautgewebe ein und kann dort Schaden anrichten, der von Falten bis zu Krebs reicht. Auch zur Wundheilung tragen die Blattextrakte bei. In jüngerer Zeit richtet sich das Augenmerk vermehrt auf das Öl der Heidelbeersamen. Es ist reich an Vitamin E und mehrfach ungesättigten Fettsäuren in einem Verhältnis, das sich besonders günstig bei entzündlichen Prozessen und Autoimmunerkrankungen wie atopischer Dermatitis, Psoriasis und Akne auswirkt.

Bereits im Mittelalter dienten die Vitamin-C-reichen Beeren zur Behandlung von Skorbut, Nierensteinen und bakteriellen wie viralen Infektionen. Seit dem Elisabethanischen Zeitalter wird ein Sirup aus Heidelbeeren und Honig bei Magengeschwüren und Darmproblemen verabreicht – aus gutem Grund, wie neuere Studien zeigen: Heidelbeeren schützen die Magenschleimhaut, ohne die Magensäureproduktion zu hemmen, wie es die meisten modernen Medikamente tun. Ein Mangel an Magensäure beeinträchtigt die Aufnahme zahlreicher Vitamine und Mineralstoffe ebenso wie die Verdauung von Proteinen. Dadurch kommt körperfremdes Eiweiß unzulänglich aufgespalten in den Blutkreislauf, wird vom Körper als fremd erkannt und löst möglicherweise eine Immunreaktion im Sinne einer Allergie aus. Zusätzlich wirken Heidelbeeren gegen schädliche Mikroben, vor allem Salmonellen und Staphylokokken, und schützen das Darmmikrobiom. Heidelbeerwein war daher ein beliebtes Hausmittel gegen Durchfall.

Vor allem frische Heidelbeeren sind reich an Anthocyanen und anderen Substanzen aus der Gruppe der Phenole wie die Salicylsäure. Sie verleihen den Früchten starke antioxidative Eigenschaften, die sich positiv auf die Gesundheit der Gefäße (auch im Auge und Herzen) auswirken und entzündungsbedingten Erkrankungen wie Arthritis, Arteriosklerose, Thrombosen, Krampfadern, Morbus Crohn, Colitis ulcerosa und Krebs vorbeugen, sogar die Streuung von Krebszellen (und damit die Entstehung von Metastasen) verhindern. Vor allem in Kombination mit Probiotika, das sind lebende Bakterien und Hefen mit positiven Eigenschaften für den menschlichen Organismus, erwies sich Heidelbeerextrakt als ausgesprochen wirksamer Schutz gegen wiederkehrende Harnwegsinfekte und Darmkrebs. In der Naturheilkunde wird Retinopathie mit Heidelbeerextrakten behandelt, da die Inhaltsstoffe die Gefäße der Netzhaut schützen und bei der Regeneration des Sehpigments Rhodopsin unterstützen. Auch zur Vorbeugung von weiteren Augenkrankheiten wie Glaukomen und Katarakten wird Heidelbeerextrakt angewendet.

Neuere Studien zeigten weitere Effekte der Früchte und Blätter wie den Einfluss auf Bluthochdruck, Blutfette, Cholesterin, Blutzucker, Infektionen, chronisch entzündliche Darmerkrankungen, die Entstehung und Bekämpfung einer Fettleber und von Tumoren sowie eine Milderung chronischer Müdigkeit. Auch gegen Nebenwirkungen einer Chemotherapie bei Krebs wie Schäden an der Mundschleimhaut und Gewichtsverlust haben sich Heidelbeeren als wirksam erwiesen. Ebenso konnte ein Schutz vor Blutgefäßverengungen sowie Thrombosen gezeigt werden und eine Stärkung der Knochen zur Verhinderung der Entwicklung einer Osteoporose. Durch die Senkung der Aktivität des fettspaltenden Verdauungsenzyms Lipase und ihren positiven Einfluss auf das Gewicht regulierende Darmmikrobiom tragen Heidelbeeren zur Gewichtsreduktion bei und damit zur Vermeidung der zahlreichen mit Übergewicht einhergehenden Erkrankungen. Überdies beobachteten Forscherteams eine Milderung von Nervenentzündungen und einen verstärkten Eintritt von Phagozyten (Zellen, die schädliche Partikel und Mikroorganismen beseitigen) in das Gehirn bei Parkinson sowie eine regenerierende Wirkung auf die Nervenzellen und einen vermehrten Signalaustausch zwischen Neuronen. Heidelbeerextrakt kann sogar die durch Alzheimer verursachten Schäden an Hirn, Leber und Nieren sowie die Verminderung der geistigen Leistungsfähigkeit rückgängig machen. Damit wäre möglicherweise eine Chance zu einem Hintanhalten von Altersdemenz gegeben. Erste Studien konnten eine Wirkung der in Asien heimischen Art *Vaccinium bracteatum* gegen Depressionen nachweisen.

Durch ihre antioxidative Schutzwirkung und die Anregung des körpereigenen »Aufräumdienstes«, der für die Entfernung beschädigter Zellorganellen, fehlgefalteter Proteine und eingedrungener Krankheitserreger sorgt, wirken Heidelbeeren wie ein Jungbrunnen und Gesundheitselixier.

Was liegt also näher, als sofort mit der Zubereitung von Köstlichkeiten aus Heidelbeeren zu beginnen.

Heidelbeeren eignen sich nicht nur als Basis farbenfroher Desserts. Ihr feinherbes Aroma bereichert Saucen für Wild und dunkles Fleisch, Geräuchertes, Chutneys zu Gemüse und Käse oder reizvolle Salatdressings. Getrocknete Früchte vervollkommnen Müslimischungen oder Studentenfutter und dienen als »Augen« für Figuren aus Teig. In diesem Fall sind, wegen des höheren Gehalts an Antioxidantien und Vitaminen, gefriergetrocknete Exemplare zu bevorzugen. Auch in Alkohol eingelegt, vergoren oder destilliert bieten Heidelbeeren vielfältigen Genuss, der gleichzeitig die Hausapotheke bereichert. Die säuerlichen Blätter eignen sich in kleinen Mengen frisch als würzige Beigabe zu Herbstsalaten und getrocknet für Kräuterteemischungen.

Heidelbeeren harmonieren besonders gut mit Zimt, Gewürznelken, Piment, Senfsamen, Lorbeer, Thymian, Basilikum, Minze, Veilchen, Orangenblüte, Bergamotte, Limette, Orangen- und Mandarinenschale, Mohn, Pilzen, Käse, dunklem Fleisch, Nüssen, Edelkastanien und Hafer.

Frisch nach dem Pflücken bieten Heidelbeeren das beste Aroma. Sie sind nur wenige Tage haltbar und werden am besten im Kühlschrank aufbewahrt. Tiefgekühlt sind sie bis zu einem Jahr genießbar. Heidelbeeren verfügen über eine wachsartige Schicht zum Schutz der Früchte vor dem Austrocknen. Daher sollten die Beeren – aber erst möglichst kurz vor der Verwendung – gewaschen werden. Flecken auf der Haut lassen sich mit Zitrone beseitigen.

Zur Erhaltung der wertvollen Inhaltsstoffe empfiehlt sich eine kühle und lichtgeschützte Lagerung der frischen Früchte wie auch der daraus hergestellten Zubereitungen. Starkes und langes Erhitzen sowie Dampfentsaften sind ungünstig.

Wenn nicht anders angegeben, sind die Rezepte für 4 Personen berechnet. Gewürze bitte erst kurz vor der Verwendung mahlen oder mörsern. Und selbstverständlich werden, wo immer möglich, Bio-Zutaten verwendet – besonders bei den Zitrusfrüchten.

DIE KLEINEN WÜRZIGEN

Raffiniertes Aroma, das sich auch als praktischer Vorrat und willkommenes Geschenk erweist.

Violettes Zwiebelconfit

500 g rote Zwiebeln in feinen Spalten • 50 g Butter • 1 TL Salz • Pfeffer oder Chili nach Belieben • 100 g Heidelbeeren • 500 ml Rotwein • 250 ml Portwein • 1 kleines Lorbeerblatt

Die Zwiebeln in der Butter glasig dünsten. Mit den übrigen Zutaten sirupartig einkochen. Das Lorbeerblatt entfernen. Mit Salz und, falls verwendet, Pfeffer oder Chili abschmecken. Sehr heiß in kleine Schraubgläser füllen. Kühl und dunkel gelagert, hält das Confit mindestens 6 Monate.

Heidelbeersenf

Der Senf passt besonders gut zu Chicorée, deftigen Pasteten, Leber(wurst) und Käse.

350 g Heidelbeeren • 2 EL Honig • 1 EL Limetten- oder Blutorangensaft • 50 g Senfmehl • 2 EL Balsamessig

Die Heidelbeeren fein pürieren, mit dem Honig und Limettensaft bei milder Hitze etwa 30 Minuten ohne Deckel simmern. Das Senfmehl mit dem Balsamessig glatt rühren, mit dem Heidelbeermus mischen und in kleine Gläser abfüllen. Gut verschlossen an einem kühlen Ort 3 Wochen reifen lassen. Kühl und dunkel gelagert hält der Senf mindestens 6 Monate.

Heidelbeerchutney

1–2 TL Koriandersamen • 1–2 TL Senfkörner • 1 EL Öl • 200 g gehackte Schalotten • 100 ml Balsamessig • 100 g Demerarazucker • Salz • 500 g Heidelbeeren • 1 Prise Zimt • 1 Prise gemahlene Gewürznelken • Chili nach Belieben

Die Koriandersamen und Senfkörner bei Mittelhitze im Öl braten, bis sie zu springen beginnen (sicherheitshalber einen Deckel auf die Pfanne setzen). Die Schalotten einrühren und glasig dünsten. Essig, Zucker und Salz einrühren, 15 Minuten unter gelegentlichem Rühren einkochen. Die Heidelbeeren hinzufügen und 15–20 Minuten unter gelegentlichem Rühren mitkochen, bis die Masse dickflüssig wird. Mit Zimt, Gewürznelken und Chili abschmecken. Nach Belieben mit dem Mixstab mehr oder weniger fein pürieren. Schön heiß in kleine Gläser abfüllen und dicht verschlossen 2 Wochen ziehen lassen. Kühl und dunkel gelagert hält der Senf mindestens 6 Monate.

Einfache Heidelbeersauce aus dem Mittelalter

Dieses Grundrezept bietet eine gute Basis zum Experimentieren mit Aromen wie Zimt, Gewürznelken, Bergamotte … – auch rote Schalotten machen sich hier gut.

200 g pürierte Heidelbeeren • 1 Semmel in Würfelchen • 200 ml Wein

Alle Zutaten mischen und 30 Minuten ziehen lassen. Nochmals pürieren. Kalt oder warm zu Käse oder Fleisch servieren.

Overnight-Hafermüsli

Perfektes Frühstück oder Snack, vollgepackt mit den stärksten Antioxidantien.

Pro Portion: 4–5 EL Haferflocken • 40 ml Milch oder Haferdrink • 4 EL Joghurt(alternative) • 1 klein geschnittene Trockenfrucht • 1 EL gehackte Mandeln oder Walnüsse • 2 TL Kakaopulver • 60 g Heidelbeeren

Alle Zutaten mit Ausnahme der Heidelbeeren verrühren und über Nacht im Kühlschrank ziehen lassen. Am folgenden Tag mit den Heidelbeeren genießen.

Heidelbeer-Kaltschale

Bei großen Abendgesellschaften der »feinen Leute« reichte man Kaltschalen zum Appetitanregen. Das erfrischende Gericht eignet sich natürlich auch als leichtes, nicht zu süßes Dessert.

300 g Heidelbeeren • 2 EL Zucker • 2 TL fein geriebene Zitronen- oder Limettenschale • 1 Prise Zimt • 500 ml fruchtiger Weißwein oder Sekt • frisches Basilikum

Die Heidelbeeren mit Zucker, Zitronenschale und Zimt verrühren. 200 g der Mischung pürieren, die restlichen Früchte und den Wein einrühren. Gut gekühlt mit Basilikum garniert servieren.

Ceviche vom Zander

Festtagstauglich, farblich ausgesprochen reizvoll und noch dazu flott gemacht.

400 g frisches Zanderfilet • 100 g Heidelbeeren • Saft von 3 Limetten • rosa Beeren • 4 Zweige Thymian • 1 rosa Grapefruit • 2 TL Sesamöl • Salz • 1 TL geröstete Sesamsamen • Limettenzeste

Den Fisch in feine Streifen oder kleine Würfel schneiden. Die Heidelbeeren durch ein Sieb passieren, mit dem Limettensaft und den rosa Beeren mischen. Den Fisch einrühren, die Thymianzweige einlegen und die Mischung bedeckt mindestens 30 Minuten im Kühlschrank ziehen lassen.

Die Grapefruit filetieren, dabei den Saft auffangen. Den Fisch, die Thymianzweige und die Grapefruitfilets auf Tellern anrichten. Sesamöl, Grapefruitsaft sowie Salz verrühren und über den Fisch träufeln. Mit Sesamsamen und Limettenzeste bestreut servieren.

Mousse oder Parfait vom Gorgonzola mit Heidelbeeren und Rosmarin

Wer keinen Gorgonzola mag, verwendet Frischkäse – am besten von der Ziege.

200 g passierter Gorgonzola • 100 ml geschlagenes Schlagobers • Paradieskörner, ersatzweise Pfeffer und Gewürznelken und Piment • 200 g Heidelbeeren • 60 ml Portwein • 1 TL Speisestärke • 1 Zweig Rosmarin

Gorgonzola, Obers und Paradieskörner verrühren und mindestens 4 Stunden in kleinen Förmchen kühlen (Mousse) oder tiefkühlen (Parfait). Heidelbeeren mit Portwein kurz aufkochen. Stärke in wenig kaltem Wasser glatt rühren, zu den Heidelbeeren gießen und zart andicken lassen, beiseitestellen. Rosmarinnadeln kurz in einer trockenen Pfanne rösten, auskühlen lassen.

Mousse in den Förmchen servieren. Parfaitförmchen kurz in heißes Wasser tauchen und die Parfaits auf Teller stürzen. Portwein-Heidelbeeren angießen. Mit Rosmarinnadeln bestreut sofort servieren.

Heißer Heidelbeerdip

Deftig und doch raffiniert zum Dippen von rohem Gemüse, Brot oder Chips. Eine Lage gekochte Kartoffeln und geröstete Zwiebeln unter der Käsemasse machen den Dip zum Auflauf.

200 g Frischkäse • 150 g geriebener Butterkäse • 1 gehackte Knoblauchzehe • 2 EL Zitronensaft • Pfeffer • bei Bedarf Salz • 150 g Heidelbeeren • nach Belieben 50 g gebratene Speckwürfel • 1 EL gehackter Schnittlauch

Den Backofen auf 200 °C vorheizen. Den Frischkäse mit 100 g Butterkäse, Knoblauch, Zitronensaft, Pfeffer und eventuell Salz verrühren. Die Heidelbeeren und, falls verwendet, Speck hinzufügen. Die Masse in eine flache feuerfeste Form streichen, mit dem restlichen Butterkäse bestreuen und 15–20 Minuten goldgelb backen. Mit Schnittlauch bestreut schön heiß servieren.

Heidelbeersalat mit Erdnussdressing

Eine feine Beilage oder sommerlich-leichte Hauptspeise.

200 g Heidelbeeren • 2 Stangen gehackte Sellerie mit Blättern • 2 große Feigen in Spalten • 2 Frühlingszwiebeln in feinen Röllchen • 40 g gehackte geröstete Erdnüsse • 2 EL Zitronensaft • 2 EL Olivenöl • Salz • Pfeffer oder rosa Beeren

Alle Zutaten gut mischen und kurz ziehen lassen.

Erbsensoufflé mit Heidelbeersalat

55 g Butter • 45 g Weizenmehl • 500 ml Milch • 400 g pürierte rohe Erbsen • Salz • Pfeffer • gemahlene Muskatnuss • 2 getrennte Eier • 200 g Heidelbeeren • 1 gehackte rote Schalotte • 2 TL milder Apfelessig • 1 EL Sesamöl • ½ TL gehackte Fenchelsamen • 1 EL gehackte Minzblätter

Eine Souffléform buttern und mit Mehl stauben. Die restliche Butter schmelzen, das Mehl einrühren und einige Minuten anschwitzen. Die Milch mit dem Schneebesen kräftig einschlagen; 5 Minuten kochen, vom Feuer nehmen, Erbsen, Gewürze und Eigelbe einrühren. Etwas abkühlen lassen.

Den Backofen auf 200 °C Ober-/Unterhitze vorheizen. Eiweiß steif schlagen und in die Erbsencreme einheben. Die Masse in die Form füllen und etwa 20 Minuten backen. Sofort mit Minze bestreut servieren.

Für den Salat die Heidelbeeren mit Schalotten, Essig, Öl, Fenchelsamen, Salz und Pfeffer mischen.

Beeriger Brokkolisalat

300 g Brokkoli • 200 g zarter Wirsing oder junges Kraut in sehr feinen Streifen • Salz • 2 EL Sesammus • 2 EL Apfelessig • Pfeffer aus der Mühle • 2 Frühlingszwiebeln in Röllchen • 100 g Heidelbeeren • 2 EL geröstete Pinienkerne

Den Brokkoli in winzige Röschen teilen und diese 4 Minuten dämpfen. Wirsing mit Salz kneten und ziehen lassen. Das Sesammus mit dem Apfelessig und Pfeffer mischen, bei Bedarf etwas warmes Wasser hinzufügen. Den Wirsing mit der Mischung überziehen und auf Tellern anrichten. Brokkoli, Frühlingswiebeln, Heidelbeeren und Pinienkerne darauf verteilen.

Mangoldsalat mit Granatapfeldressing

Dieser Salat schmeckt mit allen Arten von Blättern, auch jenen von Radieschen, Karotten, Roten Rüben, Spinat, Wildkräutern und Stangensellerie. Er kann mit gerösteten Brotwürfeln und Anchovis oder Käse zu einer leichten Mahlzeit ausgebaut werden.

150 g junge Mangoldblätter • 100 g Heidelbeeren • 2 fein gehackte Frühlingszwiebeln • 2 EL Öl • 1 EL Granatapfelmelasse • Salz • Pfeffer • 1 EL geröstete Pinienkerne • 1 EL gehackte krause Petersilie

Den Mangold, die Heidelbeeren und Frühlingszwiebeln auf Tellern anrichten. Öl, Granatapfelmelasse, Salz und Pfeffer verrühren. Das Dressing gleichmäßig über den Salat träufeln. Mit den Pinienkernen und der Petersilie bestreut servieren.

Sherryfisolen mit Heidelbeeren

500 g gekochte Fisolen • 250 g Heidelbeeren • 2 EL Sherry medium dry • 3 EL Sherryessig • 4 EL Olivenöl • 1 TL Senf • Salz • Pfeffer • 2 Zweige Minze oder Basilikum

Fisolen und Heidelbeeren mischen. Sherry, Essig, Öl, Senf, Salz und Pfeffer verrühren; mit den Fisolen und Heidelbeeren mischen. Minze darüberstreuen.

Rotkrautsalat mit Heidelbeeren und karamellisierten Walnüssen

500 g Rotkraut und 1 große Zwiebel in feinen Streifen • 6 EL Apfelessig • Salz • grob gemahlene rosa Beeren, ersatzweise Pfeffer • 100 g grob gehackte Walnüsse • 1 EL Zucker oder Honig • 200 g Heidelbeeren • Filets von 2 Orangen • 4 EL Walnussöl • 2 Zweige frischer Thymian

Rotkraut und Zwiebel im Essig mit Salz und rosa Beeren 15 Minuten ziehen lassen. Walnüsse mit Zucker unter Rühren erhitzen, bis der Zucker karamellisiert. Heidelbeeren, Orangenfilets, Walnussöl und Thymianblättchen mit dem Kraut mischen. Walnüsse darüberstreuen und den Salat sofort servieren.

FÜR DEN GROSSEN HUNGER

Risotto ai mirtilli

Heidelbeer-Risotto

Dieses Rezept verriet mir eine reizende alte Dame, der ich in einem kleinen Südtiroler Dorf begegnete, als sie von einem erfolgreichen Streifzug durch den Wald mit einem Korb voller Früchte und Pilze zurückkehrte. Das Risotto passt besonders gut zu gebratenen Steinpilzen oder Wildkaninchen.

1,5 l Gemüsefond • 4 EL Butter • 1 große fein gehackte Zwiebel • 350 g Risottoreis • 150 ml Weißwein • 200 g Heidelbeeren • 100 ml Schlagobers • 2 EL frisch geriebener Parmesan • 3 EL fein gehackte Petersilie

Den Fond zum Kochen bringen. Die Butter schmelzen und die Zwiebel darin bei milder Hitze weich dünsten. Den Reis hinzufügen und unter stetem Rühren glasig werden lassen. Wein zugießen und unter Rühren vom Reis aufsaugen lassen. 180 g Heidelbeeren und einen Schöpfer Fond hinzufügen. Rühren, bis der Fond aufgesogen ist. Den Fond weiter portionsweise einrühren und aufsaugen lassen. Obers einrühren. Das Risotto sofort mit Parmesan und Petersilie servieren.

Kohlsprossencurry

Kohlsprossen und Heidelbeeren sind ein hervorragendes Paar.

150 g rote Linsen • 400 ml Gemüsefond • 2 gehackte Zwiebeln • 1 EL Öl • 600 g Kohlsprossen • 300 ml Mandelmilch • 1–2 TL Currypulver • 100 g Heidelbeeren • Salz • 1 Kästchen Kresse • 1 Prise Schwarzkümmelsamen

Die Linsen im Gemüsefond weich kochen, danach mitsamt der Flüssigkeit pürieren. Die Zwiebeln im Öl glasig dünsten. Mandelmilch und Currypulver hinzufügen. Die Kohlsprossen einrühren und bei milder Hitze bissfest garen. Linsen und Heidelbeeren einrühren, einige Minuten erwärmen. Mit Salz abschmecken, mit Kresse und Schwarzkümmel bestreut servieren.

Fruchtige Ofenzwiebeln

4 EL Olivenöl • 600 g rohe Kartoffeln in dünnen Scheiben • Meersalzflocken • grob gemahlener Pfeffer • gemahlene Muskatnuss • 4 große oder 8 kleine Zwiebeln • 50 g Butter • 4 oder 8 Thymianzweige • 150 g Heidelbeeren

Den Backofen auf 180 °C vorheizen, eine Auflaufform mit etwas vom Öl auspinseln. Die Kartoffeln in die Form schlichten, dabei jede Schicht zart mit Öl beträufeln sowie mit Salz, Pfeffer und Muskatnuss dezent würzen. Die

Zwiebeln auf die Kartoffeln setzen, kreuzweise tief einschneiden und ebenfalls mit Salz, Pfeffer und Muskatnuss würzen. Jeweils einen Thymianzweig in die Einschnitte stecken. Die Zwiebeln mit dem restlichen Öl bepinseln und mit Alufolie bedeckt 40–50 Minuten backen.

Die Folie entfernen, die Zwiebeln mit dem eigenen Saft beträufeln und weitere 10 Minuten ohne Folie goldbraun backen. Die Heidelbeeren zwischen die Zwiebeln streuen und weitere 5 Minuten backen. Schön heiß servieren.

Hokkaido-Gratin

Dieses Rezept funktioniert auch mit anderen Gemüsesorten, es muss nur die Backzeit angepasst werden. Die zarte Säure der Heidelbeeren und Orangen bietet einen willkommenen Kontrast zum süßlichen Kürbis. Wer es besonders mollig mag, fügt 150 g essfertige Edelkastanien hinzu.

1 kg Hokkaidokürbis in Spalten • 250 ml Orangensaft • 1 gehackte rote Zwiebel • 40 g Butter • 150 g Schlagobers • Salz • Pfeffer • 2 zerstoßene Wacholderbeeren • 150 g Heidelbeeren • 100 g geriebener Käse • 1–2 EL gehackter Dill (notfalls 2 TL getrockneter Dill)

Den Kürbis im Orangensaft halb garen. Die Zwiebel in 30 g Butter glasig dünsten. Eine ofenfeste Form mit der restlichen Butter fetten. Den Backofen auf 200 °C Ober-/Unterhitze vorheizen. Die Kürbisspalten mitsamt Saft in die Form schlichten. Das Obers mit Salz (Salzgehalt des Käses bedenken), Pfeffer und Wacholder gemischt über den Kürbis gießen; 15 Minuten backen. Die Heidelbeeren auf dem Kürbis verteilen, den Käse darüberstreuen, die Form auf die obere Schiene stellen und weitere 5 Minuten backen. Vor dem Servieren mit Dill bestreuen.

Eierschwammerl mit Heidelbeeren und Heurigen

Diese aromatisch wie optisch perfekte Kombination ist rasch gemacht. Wer möchte, verwendet Gnocchi statt Kartoffeln.

1 kg junge festkochende Kartoffeln • 100 g Butter • 250 g Schalotten • 2 Knoblauchzehen • 500 g Eierschwammerl • 150 g Heidelbeeren • ½ Vanilleschote • 1 Prise gemahlene Muskatblüte, ersatzweise frisch geriebene Muskatnuss • Salz • frisch gemahlener weißer Pfeffer • Thymian

Die Kartoffeln bürsten und in dünne Scheiben schneiden. Schalotten und Knoblauch schälen und fein hacken. Kartoffeln, Schalotten und Knoblauch in der Butter mit ein wenig Wasser weich dünsten.

In der Zwischenzeit die Eierschwammerl putzen, zerteilen und mit den Kartoffeln kurz mitdünsten.

Die Heidelbeeren, das Mark der Vanilleschote, Muskatblüte, Salz, Pfeffer und Thymian hinzufügen. Eine Minute weiterdünsten, danach sofort servieren.

Lauch-Tarte-Tatin mit violetter Limetten-Aioli

Die Tarte schmeckt auch mit jeder Art von Wurzelgemüse.

800 g längs halbierter Lauch • 60 g Butter • 1 TL Koriandersamen • Salz • Pfeffer • 4 Strudelteigblätter • 150 g Heidelbeeren

Aioli: 2 Eigelb • 1 Limette • 1 TL Senf • Salz • 120 ml Öl • 1 EL Heidelbeerpulver oder 1 EL pürierte Heidelbeeren • 2 fein gehackte Knoblauchzehen • grob geschrotete rosa Beeren

Den Backofen auf 200 °C vorheizen. Den Lauch in einer ofenfesten Pfanne in 40 g Butter bissfest braten. Mit Koriandersamen, Salz und Pfeffer würzen. Die Strudelteigblätter hauchdünn mit geschmolzener Butter bepinseln und auf den Lauch legen, die Ränder einschlagen; etwa 20 Minuten goldbraun backen.

Für die Aioli Eigelbe, Limettensaft, Senf und Salz mischen. Das Öl tropfenweise unter kräftigem Rühren einarbeiten, bis die Masse andickt. Sodann das Öl in dünnem Strahl unter energischem Rühren zugießen. Heidelbeerpulver, Knoblauch, Limettenschale und rosa Beeren einrühren.

Die Heidelbeeren kurz vor Ende der Backzeit bei milder Hitze in der restlichen Butter schwenken.

Die Tarte aus dem Ofen nehmen und 5 Minuten rasten lassen, danach auf einen großen Teller stürzen. Mit den Heidelbeeren und der Aioli sofort servieren.

Gänsekeulen mit Pastinaken und Edelkastanien

Als klassische Ergänzung bietet sich hier gedünstetes Rotkraut an, verfeinert mit ein wenig Heidelbeermarmelade.

4 gehackte Knoblauchzehen • 1 TL gehackte Rosmarinnadeln • Salz • schwarzer Pfeffer aus der Mühle • 4 Gänsekeulen • 1 EL Öl • 600 g Pastinaken in dünnen Scheiben • 3 EL Butter • 1 Stange fein gehackter Lauch • 1 zarte Prise gemahlene Muskatnuss • 400 g essfertige Edelkastanien • 200 g Heidelbeeren • 1 EL gehackte krause Petersilie

Den Backofen auf 150 °C vorheizen. Knoblauch, Rosmarin, Salz und Pfeffer mischen und unter die Haut der Gänsekeulen schieben. Danach die Keulen im Öl rundum scharf anbraten; 30 Minuten im Ofen garen. Die

Hitze auf 200 °C erhöhen und die Keulen einige Minuten Farbe annehmen lassen.

Die Pastinaken in 2 EL Butter mit dem Lauch und einigen Spritzern Wasser weich dünsten. Nach Belieben mit einigen Heidelbeeren pürieren. Die Kastanien in der restlichen Butter erwärmen, die Heidelbeeren einrühren und kurz mitschwenken.

Keulen, Pastinaken und Kastanien auf vorgewärmten Tellern servieren.
Mit Petersilie bestreuen.

Gefüllte Kalbsmedaillons mit Mohnkartoffeln

80 g Heidelbeermarmelade (Seite 41) • 300 g fein gemahlene Mandeln • 1 TL frisch geraspelter Ingwer • 200 ml dunkles Bier • 100 ml Bratenfond • 1–2 EL Demerarazucker • 1 kleines Lorbeerblatt • 8 Kalbsmedaillons à 60 g • Salz • Pfeffer • 2 EL Weizenmehl • 2 verquirlte Eier • Öl zum Braten • 4 Zweige Thymian • 600 g gekochte kleine junge Kartoffeln • 2 EL Butter • 1 EL gemahlener Mohn

Die Heidelbeermarmelade mit 30 g Mandeln und dem Ingwer verrühren. Das Bier mit dem Bratenfond, Zucker und Lorbeer auf die Hälfte einkochen. Mit einem kleinen spitzen Messer Taschen in die Kalbsmedaillons schneiden, die Heidelbeermischung einfüllen und die Öffnungen mit Zahnstochern verschließen. Die Kalbsmedaillons salzen und pfeffern, im Mehl wälzen, abklopfen, mit Ei benetzen und mit den restlichen Mandeln panieren. In etwa 1 Finger hoch Öl beidseits goldbraun braten. Die Kartoffeln in der Butter zart golden rösten. Mohn und Salz einrühren. Medaillons mit den Kartoffeln und dem eingekochten Fond anrichten.

Braciole ai mirtilli
Geschmorte Schweinskoteletts mit Heidelbeeren

Dieses Gericht ist auch mit anderen Fleischsorten oder Fisch sowie Meeresfrüchten großartig.

3 EL Olivenöl • 4 Schweinskoteletts • 2 EL Weizenmehl • 50 g fein gehackter Speck • 1 fein gehackte Zwiebel • 150 ml Rotwein • Salz • weißer Pfeffer • 300 g passierte Heidelbeeren • 2 EL Honig • 1 EL Dillspitzen

Das Öl in einer ofenfesten Pfanne erhitzen, die Koteletts mit Mehl bestäuben und beidseits anbraten, herausheben. Speck und Zwiebel einrühren und einige Minuten braten. Den Wein zugießen und etwas einkochen lassen. Salzen und pfeffern. Backofen auf 200 °C vorheizen. Das Fleisch in die Pfanne legen. Die Heidelbeeren mit Honig verrühren und auf dem Fleisch verteilen. Einen Deckel auflegen und das Fleisch 15 Minuten im Ofen garen; 10 Minuten rasten lassen, danach mit Dill bestreut servieren. Als Beilage können (kurz vorgekochte) junge Kartoffeln im Ofen mitgebacken werden.

Hirschsteaks mit Heidelbeerportwein

Das Rezept schmeckt auch mit anderen Fleischsorten, vor allem Ente oder Gans.

4 Steaks vom Hirschrücken • 2 EL Öl • 250 ml Wildfond • 150 ml roter Portwein • Salz • Pfeffer • 2 zerdrückte Wacholderbeeren • 100 g Heidelbeeren • 2 EL gehackte krause Petersilie

Den Backofen auf 70 °C Ober-/Unterhitze vorheizen. Die Steaks im Öl beidseits scharf anbraten, aus der Pfanne heben und im Ofen in Alufolie gehüllt warm halten. Den Bratrückstand mit dem Wildfond und dem Port-

wein aufgießen. Salz, Pfeffer und Wacholder einrühren. Die Flüssigkeit auf etwa die Hälfte einkochen. Die Heidelbeeren hinzufügen, leicht zerdrücken und kurz aufkochen. Die Steaks einlegen und auf jeder Seite etwa 30 Sekunden im Saft ziehen lassen. Sofort mit Petersilie bestreut servieren.
Als Beilage passen vor allem Brandteigkrapferl, Herzoginnenkartoffeln oder Yorkshirepudding.

FÜR NASCHKATZEN

Heidelbeermarmelade

Das Ergebnis dieser traditionellen Methode ist besonders aromatisch. Die Marmelade gelingt am besten in einem klassischen Kupfertopf. Wer mag, würzt mit Zitronen- oder Orangenschale, Bergamotteöl, Zimt, Gewürznelken, Vanille, Lavendel, Kakao oder Rum.

1 kg Heidelbeeren • 500 g Gelierzucker • Saft von 1 Zitrone

Die Heidelbeeren mit dem Zucker, Zitronensaft und 250 ml Wasser aufwallen lassen, 2 Minuten kochen, danach in eine Schüssel füllen und zugedeckt über Nacht ziehen lassen.

Am Folgetag die Früchte in ein Sieb gießen. Den Saft aufkochen. Den dabei entstehenden Schaum abschöpfen. Die Früchte hinzufügen und 5 Minuten kochen. Nach Belieben würzen und sofort in sterile Gläser abfüllen.

Kühl und dunkel gelagert hält die Marmelade mindestens ein Jahr.

Heidelbeer-Granita

600 ml Rosé oder Orangensaft • 300 g Heidelbeeren • 70 g Zucker • 1 EL Zitronensaft • 2 EL frische Basilikumblätter

Alle Zutaten im Mixer pürieren, dabei einige Heidelbeeren und Basilikumblätter zum Garnieren aufheben. Die Masse in Eiswürfelbehältern beinahe durchfrieren. Danach im Mixer cremig mixen. Mit Heidelbeeren und Basilikumblättern garniert servieren.

Nicecream mit Lavendel

Flotter und gesünder geht Naschwerk nicht.

150 g tiefgekühlte Heidelbeeren • 1 sehr reife Banane • 1 EL Honig • 2 Tropfen ätherisches Lavendelöl

Alle Zutaten in der Küchenmaschine pürieren und sofort servieren.

Kastanien-Pekannuss-Karamell mit Cointreau-Heidelbeeren

150 g Heidelbeeren • 2 EL Cointreau • 100 g Zucker • 50 g Butter • 100 ml Schlagobers • 150 g gegarte pürierte Edelkastanien • 1 Prise Zimt • 80 g grob gehackte geröstete Pekannüsse • Orangenzeste

Die Heidelbeeren im Cointreau einige Stunden ziehen lassen. Den Zucker in einer Pfanne karamellisieren. Die Butter einrühren. Nach und nach das Obers unter stetem Rühren zugießen. Die Mischung kurz aufkochen, vom Feuer nehmen. Kastanien, Zimt und Pekannüsse einrühren. Die Creme in Dessertgläser füllen und bis zum Servieren kühlen. Unmittelbar vor dem Genuss mit den Heidelbeeren und Orangenzeste dekorieren.

Schokotrüffelcreme mit Heidelbeer-Spiegel

200 g gehackte Bitterschokolade • 100 ml Schlagobers • 50 g Butter • Mark von 1 Vanilleschote • 1–2 EL dunkler Rum • 200 g Heidelbeeren • 2 EL Waldhonig • einige Rosmarinnadeln

Die Bitterschokolade mit Schlagobers, Butter und Vanille im Wasserbad schmelzen. Den Rum einrühren, die Masse auf Dessertschalen verteilen und im Kühlschrank anziehen lassen. Kurz vor dem Servieren die Heidelbeeren mit dem Honig pürieren, auf der Creme verteilen und mit Rosmarinnadeln bestreuen.

Müsli am Stiel

Wer keine Geduld hat, nascht die Mischung ohne Frieren.

200 g griechisches Joghurt (10 %) • 60 g Trockenmarillen in kleinen Würfeln • 100 g Heidelbeeren • 1 EL Ahornsirup oder Honig • 2 EL geröstete Haferflocken • 2 EL geröstete gehackte Nüsse • ½ TL Thymianblättchen

Joghurt und Marillen verrühren und 1 Stunde ziehen lassen. Heidelbeeren hinzufügen und die Masse in Stieleisformen einige Stunden frieren. Das Eis aus den Formen nehmen, mit Ahornsirup bepinseln. In Haferflocken, Nüssen und Thymian wälzen. Sofort genießen oder bis zur Verwendung zurück in den Tiefkühler legen.

Gefüllter Pfirsich aus dem Ofen

Die ideale Ergänzung bietet ein zart moussierender Crémant rosé.

40 g gemahlene geröstete Mandeln • 2 EL brauner Zucker • 1 Ei • 1 Prise gemahlener Zimt • 2 große Pfirsiche • 150 g Heidelbeeren • 1–2 EL Cognac • Basilikumblättchen • Orangenzeste

Den Backofen auf 160 °C Ober-/Unterhitze vorheizen. Ein Backblech mit Backpapier belegen. Die Mandeln mit 2 TL Zucker, Ei und Zimt verrühren. Die Pfirsiche halbieren, entsteinen, mit der Mandelmasse füllen und auf dem Blech auf mittlerem Einschub 10 Minuten backen. Danach die Temperatur auf 180 °C Ober-/Unterhitze erhöhen. Die Pfirsiche mit 1 TL Zucker bestreuen, eine Etage höher in den Ofen schieben und etwa 4 Minuten Farbe annehmen lassen.

In der Zwischenzeit die Heidelbeeren mit dem restlichen Zucker verrühren und etwas Saft ziehen lassen. Danach einige Minuten kochen, durch ein Sieb streichen und mit dem Cognac verrühren.

Die Pfirsiche schön heiß auf vorgewärmten Tellern mit der Sauce anrichten. Basilikumblättchen und Orangenzeste darüberstreuen und sofort servieren.

Schwarzbeernocken alias Heidelbeerdatschi

400 g Heidelbeeren • 100 g Weizenmehl • ca. 50 ml Milch • 1 EL Zucker • 1 zarte Prise Zimt • Butter zum Braten • 200 g Sauerrahm • Staubzucker

Die Heidelbeeren mit Mehl, Milch, Zucker und Zimt mischen, dabei etwa die Hälfte der Früchte zerdrücken. Die Butter in einer schweren Pfanne schmelzen. Die Heidelbeermasse esslöffelweise in die Pfanne portionieren und beidseits jeweils 2–3 Minuten backen. Den

Sauerrahm mit ein wenig Staubzucker dezent süßen und zu den Nocken reichen.

Südtiroler Schwarzbeernocken

Die wunderbare Künstlerin Linda Wolfsgruber, Schöpferin der Illustrationen zu den kleinen Gourmandisen, machte mich auf diese Sonntagsversion der Schwarzbeernocken aufmerksam.

400 g Heidelbeeren • 2 Eier • 1 EL Zucker • 1 Prise Zimt • 2–3 EL Weizenmehl • Butter zum Braten • Staubzucker

Die Heidelbeeren mit Eiern, Zucker und Zimt mischen, dabei etwa die Hälfte der Früchte zerdrücken. Die Butter in einer schweren Pfanne schmelzen. Die Heidelbeermasse esslöffelweise in die Pfanne portionieren und beidseits jeweils 2–3 Minuten backen.
Zum Servieren zart mit Staubzucker bestreuen.

Woazene Bauernkrapfen mit warmem Heidelbeerkompott

Auch dieses Rezept stammt aus Lindas Familienschatzkästchen. Anis und Heidelbeeren sind ein perfektes Gespann. Wer mag, verfeinert das Kompott mit ein wenig Orangenschale.

400 g Weizenmehl • fein gemahlener Anis • Salz • 1 Pkg. Trockenhefe oder 1 Würfel frische Hefe • ca. 160 ml Milch • 60 g geschmolzene Butter • 1 EL Schnaps oder Rum • Öl zum Ausbacken • Staubzucker zum Bestreuen • 200 g Heidelbeeren • 1–2 EL Zucker

Das Mehl in einer Schüssel mit Anis und Salz mischen. Die Hefe in der Milch auflösen, mit dem Mehl, der Butter und dem Schnaps zu einem nicht zu festen Teig kneten. Mit einem Tuch bedeckt an einem warmen Ort auf das doppelte Volumen aufgehen lassen. Den Teig in Kugeln mit etwa 3 cm Durchmesser teilen und nochmals bedeckt 20 Minuten gehen lassen. Die Heidelbeeren mit dem Zucker aufkochen.

Die Teigkugeln zu flachen Scheiben drücken, diese mit den Händen auseinanderziehen, sodass ein dickerer Rand und eine dünnere Mitte entstehen. Die Krapfen schwimmend im heißen Öl beidseits goldbraun backen, dabei mit einem Schöpfer Öl in die Mitte der Krapfen gießen.

Die Heidelbeeren noch warm in die Mulden der Krapfen löffeln. Dezent mit Staubzucker bestreut sofort servieren.

Violetter Maispudding

Indigene Nordamerikas bereiteten einen einfachen Brei aus getrockneten Heidelbeeren und Maisschrot namens Sautauthig. Die frühen Kolonialisten ergänzten das Rezept mit Milch oder Butter, mitunter auch Ahornsirup oder Honig. Schmeckt warm und kalt.

400 ml Wasser oder Milch • Salz • 150 g Maisgrieß • 4 EL Heidelbeerpulver • 1 EL Ahornsirup oder Honig • 1 TL geriebene Zitronenschale • Minzblättchen zum Dekorieren

Das Wasser mit dem Salz aufkochen, den Maisgrieß unter stetem Rühren einrieseln lassen und bei milder Hitze weich kochen. Häufig umrühren. Die restlichen Zutaten hinzufügen und die Masse auf Schälchen verteilen. Mit Minze dekoriert warm oder kalt servieren.

Heidelbeer-Streusel-Muffins

Streusel: 40 g Weizenmehl • 4 EL Demerarazucker • 2 EL kalte Butter oder Margarine • 1 EL Zitronensaft
Muffins: 160 g Heidelbeeren • 100 ml Milch oder Haferdrink • 100 ml Öl • 3 EL Demerarazucker • 150 g Weizenmehl • 1 TL Backpulver • Salz • 1 Prise gemahlener Zimt

Alle Streuselzutaten zu einer krümeligen Masse verbröseln. Kühlen.

Eine Muffinform mit etwas Öl auspinseln. Den Backofen auf 200 °C Ober-/Unterhitze vorheizen. Die Heidelbeeren mit Milch, Öl und Zucker im Mixer pürieren. Mehl, Backpulver, Salz und Zimt einrühren. Den Teig auf die Vertiefungen der Form verteilen. Mit den Streuseln bestreut 5 Minuten backen. Ohne den Ofen zu öffnen die Temperatur auf 180 °C Ober-/Unterhitze reduzieren. Die Muffins weitere 20–25 Minuten backen, bis sich ein in die Mitte eines Muffins gestochener Holzstab sauber wieder herausziehen lässt.

Knusprige Heidelbeertörtchen

8 Strudelteigblätter • 2 EL geschmolzene Butter • 400 g Frischkäse • 4 TL Honig • 6 EL Zitronensaft • 2 TL fein geriebene Zitronenschale • 200 g Heidelbeeren • Zitronenzeste

Den Backofen auf 180 °C Ober-/Unterhitze vorheizen, 4 Tarteletteförmchen mit 10 cm Durchmesser dünn mit Butter bepinseln. Die Strudelteigblätter zu Kreisen mit 14 cm Durchmesser schneiden. Die Blätter mit Butter bepinseln und je 2 übereinander in die Förmchen legen. Die Unterseite von 4 weiteren Tarteletteförmchen mit Butter bepinseln und in die mit Teig ausgelegten Förmchen stellen, damit der Teig nicht hochsteigt. Etwa

5 Minuten backen, die oberen Förmchen entfernen und den Teig weitere 4–5 Minuten backen. Aus dem Ofen nehmen und abkühlen lassen. Bis zur Verwendung luftdicht aufbewahren.

Den Frischkäse mit 2 TL Honig verrühren. Zitronensaft und -schale mit dem restlichen Honig bei milder Hitze zu einem Sirup kochen. Die Heidelbeeren einrühren und warm halten.

Den Frischkäse auf die Teigförmchen verteilen, die Heidelbeeren mit Saft darüberlöffeln. Mit Zitronenzeste garniert sofort servieren.

Heidelbeertorte ohne Backen

Schön genug für eine Hochzeit. Heidelbeeren und Veilchen oder Flieder sind eine geniale Kombination. Besonders reizvoll ist die Farbabstufung der Füllungen.

100 g zerstoßene Haferkekse • 1 EL fein geriebene Orangenschale • 100 g geschmolzene Butter • 8 Blätter Gelatine • 600 g Frischkäse • 200 g Sauerrahm • 200 g Schlagobers • Mark von ½ Vanilleschote • 2 EL Zitronensaft • 260 g pürierte Heidelbeeren • 50 g kandierte oder frische Heidelbeeren • 4 EL gebrannte Mandeln • 12 kandierte Veilchen oder Fliederblüten

Den Boden einer Springform (24 cm Durchmesser) mit Backpapier auslegen. Die Kekse, 1 TL Orangenschale und die Butter mischen. Auf dem Formboden verteilen. Die Gelatine in etwas kaltem Wasser einweichen. Den Frischkäse schaumig schlagen, den Sauerrahm einrühren. Den Zitronensaft erhitzen und die Gelatine darin auflösen. Mit dem Frischkäse verrühren. Obers mit Vanille steif schlagen und unterheben. Die Masse in drei Teile teilen, einen Teil mit 140 g Heidelbeerpüree mischen und auf dem Tortenboden verteilen, darüber den mit 90 g Heidelbeerpüree vermengten zweiten Teil, zuletzt den mit dem restlichen Püree verrührten dritten Teil. Die Torte mindestens 6 Stunden kühlen. Mit kandierten Heidelbeeren, grob gemörserten gebrannten Mandeln, kandierten Veilchen und der restlichen Orangenschale dekorieren.

Beschwipste Heidelbeer-Eistarte mit Mandelboden

600 g Heidelbeeren • abgeriebene Schale von 1 Orange • 50 ml Cointreau oder Amaretto • 100 g weiße Schokolade • 50 g Butter • 150 g geröstete Mandelblättchen • 100 g zerstoßene Butterkekse • je 1 Prise Zimt und Salz • 1 Ei • 1 Eigelb • 120 g Zucker • 4 EL Zitronensaft • 300 ml Schlagobers • Blüten zum Dekorieren

Die Hälfte der Heidelbeeren mit der Hälfte der Orangenschale im Likör ziehen lassen. Den Boden einer Tarteform (26 cm Durchmesser) mit Backpapier auslegen. Schokolade und Butter schmelzen. Mit den Mandeln, Keksen, Zimt und Salz mischen; auf dem Boden der Form verteilen.

Ei und Eigelb mit dem Zucker über Dampf dick aufschlagen, kalt rühren. Die restlichen Heidelbeeren mit Zitronensaft pürieren. Das Obers steif schlagen. Die Ei-Masse, Heidelbeerpüree und Obers mischen; auf dem Tarteboden verteilen und mit der restlichen Orangenschale bestreut 8 Stunden tiefkühlen. Zum Servieren 15 Minuten antauen lassen und mit den Blüten dekorieren. Die marinierten Heidelbeeren getrennt dazu reichen.

Heidelbeertorte für Rawfoodistas

Raffiniertes Rawfood, vegan und glutenfrei.

200 g getrocknete Datteln ohne Stein • 400 g Cashewnüsse • 80 g Mandeln • Saft von 1 Zitrone • 150 ml Mandelmilch • 2–3 EL Birnensirup • Zimt • geriebene Schale von ½ Zitrone oder Orange • 200 g Heidelbeeren • 2 Stämmchen Minze

Datteln und Cashewnüsse über Nacht einweichen. Am Folgetag abgießen. Eine Springform (24 cm Durchmesser) mit Backpapier auslegen. Datteln und Mandeln in der Küchenmaschine zu einer zähen Masse pürieren. Den Boden der Springform mit der Masse ausstreichen. Cashewnüsse, Zitronensaft, Mandelmilch, Birnensirup, Zimt und Zitronenschale pürieren; auf dem Tortenboden verteilen. 180 g Heidelbeeren pürieren und auf der Cashewmasse verstreichen. Die Torte mindestens 4 Stunden tiefkühlen. Vor dem Servieren 15 Minuten antauen lassen. Mit den restlichen Heidelbeeren und der Minze dekorieren.

Fruchtauflauf mit Whisky

Dieses Rezept schmeckt – abgesehen von den Heidelbeeren – vor allem mit Marillen, Pfirsichen, Birnen oder Pflaumen. Besonders fein ist die Kombination von heißem Auflauf mit Walnusseiscreme.

Hülle: 200 g Weizenmehl • 2 EL Demerarazucker • 1 EL Backpulver • 1 Prise Salz • 1 Prise gemahlene Muskatblüte • 1 TL geriebene Orangenschale • 100 g sehr kalte Butter in Würfelchen

Fülle: 800 g Früchte nach Wahl in Spalten • 200 g Heidelbeeren • 3–4 EL Demerarazucker • 4–6 EL Whisky • Mark von 1 Vanilleschote

Das Weizenmehl mit 1 EL Zucker, Backpulver, Salz, Muskatblüte und Orangenschale mischen. Flott mit der Butter verbröseln. Möglichst wenig kaltes Wasser einkneten, bis der Teig bindet. Kühl kurz rasten lassen.

Den Backofen auf 180 °C Umluft vorheizen. Die Zutaten für die Fülle mischen und in eine flache feuerfeste Form legen. Den Teig in der Größe der Form ausrollen und auf die Früchte legen. An mehreren Stellen kleine Löcher zum Entweichen des Fruchtwasserdampfes stechen. Mit dem restlichen Zucker bestreut 30–35 Minuten goldbraun backen.

Flaumig-beeriger Gugelhupf

1 EL Butter • 1 EL Weizenmehl • 6 Eier • 150 g Zucker • Saft und Schale von ½ Zitrone • 130 g Kartoffelmehl • 1 TL Backpulver • 300 g Heidelbeeren • 150 g Zartbitterschokolade oder 50 g Staubzucker und 2 EL Orangensaft

Den Backofen auf 180 °C Ober-/Unterhitze vorheizen. Eine Gugelhupfform mit der Butter auspinseln und mit dem Weizenmehl stauben.

Die Eier trennen. Eiweiß mit 50 g Zucker steif schlagen. Eigelb mit 100 g Zucker, Saft und Schale der Zitrone schaumig rühren. Das Kartoffelmehl mit dem Backpulver mischen und abwechselnd mit dem Eischnee unter die Eigelbmasse heben. 250 g Heidelbeeren einrühren. Die Masse in der Mitte des Ofens 60 Minuten backen. Nach dem Abkühlen stürzen.

Die Schokolade im Wasserbad schmelzen oder den Staubzucker mit dem Orangensaft glatt rühren und den Gugelhupf damit glasieren. Mit den restlichen Heidelbeeren verzieren.

Energiewürfel

Die Blütenblätter sind nicht nur attraktiv – sie heben auch den gesundheitlichen Wert dieses köstlichen Snacks.

200 g Haferflocken • 100 g gehackte Nüsse nach Wahl • 3 EL Öl • 30 g Heidelbeerpulver • 100 g Honig oder Ahornsirup • 1 EL gehackte Rosen- oder Ringelblumenblätter • 1 TL geriebene Orangenschale • 1 EL Zitronensaft • Zimt

Die Haferflocken und Nüsse im Öl anrösten. Mit den restlichen Zutaten zu einer eher festen Masse mischen, bei Bedarf etwas Orangen- oder Apfelsaft einrühren. Die Masse auf ein mit Backpapier belegtes Blech streichen und antrocknen lassen. In Würfel schneiden. Kühl und trocken aufbewahren.

FLÜSSIGES

Heidelbeer-Eistee

Die erfrischende Kombination für die schlanke Linie, die den Grundumsatz und die Fettoxidation erhöht.

Pro Portion 2 TL grüner Tee • 1 EL frische oder tiefgekühlte Heidelbeeren • 1 Prise Zimt • frische Minze

250 ml Wasser aufkochen, die Teeblätter darin 1–2 Minuten ziehen lassen, abfiltern und kühl stellen. Mit den übrigen Zutaten mischen und genießen.

Heidelbeeressig

Dieser fruchtige Essig passt hervorragend zu Blattsalaten, Käse, Fisch und Fleisch. Überdies verleiht er Fruchtsalaten, Eiscreme, Wein und Prosecco einen besonderen Kick.

150 g Heidelbeeren • 250 ml Essig nach Wahl, am besten Balsamico • 1 EL Honig • nach Belieben Chili, Zimtblüte, Thymian oder Lavendel

Die Früchte leicht zerdrücken und in einem weithalsigen Gefäß mit Essig und Honig zwei Wochen kühl und dunkel ziehen lassen. Durch ein feines Sieb in sterile Fläschchen abfüllen. Gut verschlossen und sehr kühl gelagert hält der Essig mindestens ein halbes Jahr.

Wer ein cremigeres Ergebnis wünscht, püriert die ausgezogenen Heidelbeeren und rührt sie in den Essig. Alternativ die Beeren in einem Salat und zu Käse servieren; oder sofort in einem Shrub (in diesem Fall entfällt die im folgenden Rezept angegebene Wartezeit).

Heidelbeer-Shrub

Dieses erfrischende Getränk ist obendrein ausgesprochen gesund.

150 g Heidelbeeren • 2 EL Zucker oder Honig • 6 EL Essig • 800 ml Mineralwasser • 4 Gurken- oder Zitronenscheiben • 4 Stämmchen Thymian

Die Heidelbeeren mit dem Zucker und Essig mischen; 24 Stunden im Kühlschrank unter gelegentlichem Umrühren ziehen lassen. Auf Gläser verteilen, mit Mineralwasser aufspritzen, mit Gurke und Thymian sofort servieren.

Leichter Heidelbeer-Shake

Erwachsene gönnen sich ein kleines Schlückchen fassgereiften Rum im Shake.

Pro Portion: 250 ml Buttermilch oder Haferdrink • 80 g Heidelbeeren • 1 TL Ahornsirup

Alle Zutaten im Mixer pürieren.

Heidelbeer-Cocktail

Pro Glas: 1 EL Heidelbeermarmelade (Seite 41) • 6 cl Gin • 150 ml Sodawasser • 1 Limettenscheibe

Die Marmelade mit dem Gin verrühren. Eiswürfel hinzufügen. Mit Soda aufspritzen. Mit Limettenscheibe garnieren.

Heidelbeer-Kwass

Antioxidantien total mit feinem Aroma und zartem Sprudel – quasi Detox-Prosecco.

Schale und Saft von 1 Zitrone • 4 Johannisbeerblätter, falls vorhanden • 150–200 g Zucker • 250 g pürierte Heidelbeeren • 1 Würfel Hefe • 10 Rosinen

Zitronenschale, Johannisbeerblätter und Zucker in 2 Liter Wasser aufkochen. Die Heidelbeeren einrühren und abkühlen lassen. Die Hefe sowie die Rosinen einrühren. Die Mischung mit einem Tuch bedeckt 24 Stunden an einem warmen Ort stehen lassen. Abfiltern, mit dem frisch gepressten Zitronensaft verrühren und in geschlossenen Behältern im Kühlschrank aufbewahren. Innerhalb einer Woche genießen.

Klassischer Heidelbeerlikör

Die beschwipsten Heidelbeeren aus dem Liköransatz sind eine hervorragende Beigabe zu Käse, dunklem Fleisch und Desserts.

1 kg Heidelbeeren • 500 ml Rum oder Weinbrand • 500 g Zucker • 1 Zimtstange • 1 Vanilleschote • 1 Streifen Schale von einer Orange oder Bergamotte

Die Heidelbeeren in einem weithalsigen Gefäß mit dem Alkohol übergießen und einen Tag ziehen lassen. Den Zucker mit 500 ml Wasser und der Zimtstange 8 Minuten kochen. Die Vanilleschote längs aufschlitzen und mit der Zitrusfruchtschale in den Sirup legen. Abgekühlt mit den Heidelbeeren mischen. Gut verschlossen 6–8 Wochen an einem warmen Ort reifen lassen. Gelegentlich schütteln. Den fertigen Likör durch ein Sieb gießen und in gut verschließbare Flaschen abfüllen. Kühl und dunkel gelagert hielte der Likör jahrelang, lässt sich jedoch nie gut genug verstecken.

Flotter Heidelbeerlikör

Wenn es richtig schnell gehen soll.

250 g fein passierte Heidelbeermarmelade (Seite 41) • 200 ml Rum (38 % vol) oder Weinbrand • Mark von ½ Vanilleschote

Alle Zutaten gut verrühren und in eine dicht verschließbare Flasche füllen. Kühl und dunkel gelagert hält der Likör jahrelang.

Cremiger Heidelbeerlikör

Obiges Rezept mit 80%igem Rum zubereiten und 100 ml Obers einrühren. Am besten gekühlt lagern und innerhalb von 3 Monaten genießen.

Heidelbeer-Aufguss

Zur Anregung des Kreislaufs.

15 g Heidelbeerblüten mit 250 ml siedendem Wasser überbrühen, 10 Minuten ziehen lassen, abfiltern. 3 Tassen täglich trinken.

Heidelbeer-Waschung und Mundspülung

Gegen Entzündungen.

2 TL getrocknete Heidelbeerblätter mit 250 ml siedendem Wasser überbrühen, 10 Minuten ziehen lassen, abfiltern. Mehrmals täglich die befallenen Stellen mit der Flüssigkeit bestreichen bzw. mehrmals täglich einige Minuten mit dem Aufguss gurgeln.

Heidelbeerwein

Als Jungbrunnen.

1 Liter Wein • 300 g zerdrückte Heidelbeeren • 2 EL Honig • 1 kleine Zimtstange • 1 Stück Orangenschale

Alle Zutaten in einer gut verschließbaren weithalsigen Flasche 3 Wochen ziehen lassen. Nach dieser Zeit ist der Wein zum Genuss bereit. Damit die Gewürze nicht zu stark hervorstechen: Nach etwa 3 Monaten die Zimtstange und die Orangenschale entfernen und den Wein eventuell in kleinere Flaschen umfüllen. Kühl und dunkel lagern und am besten innerhalb eines Jahres genießen.

Die beschwipsten Früchte eignen sich als Beigabe zu Käse oder Desserts.

WÖRTERBUCH KÜCHENÖSTERREICHISCH

beschwipst	betrunken
Brandteigkrapferl	Windbeutel, Profiteroles
Eierschwammerl	Pfifferlinge
Fisolen	grüne Bohnen
Heidelbeeren	Blaubeeren, Schwarzbeeren
Heurige	junge Kartoffeln
Kohlsprossen	Rosenkohl
Kraut (Weiß-/Rot-)	Kohl (Weiß-/Rot)
Marille	Aprikose
Marmelade	Konfitüre
Obers	Sahne
Rote Rübe	Rote Bete
Rotkraut	Rotkohl
Sauerrahm	Saure Sahne
Semmel	Brötchen
Staubzucker	Puderzucker
verbröseln	Mehl und kalte Butter zwischen den Fingerkuppen zu körniger Konsistenz reiben

DIE AUTORIN

Margot Fischer ist Ernährungswissenschafterin und Anglistin. Nach zahlreichen Jahren in der medizinischen Forschung betrieb sie zum Ausgleich ein Restaurant und eine Weinbar. Ihre Erfahrung und Experimentierfreude schlagen sich in ihren Kochbüchern nieder, die neben anregenden selbst entwickelten und klassischen Rezepten Unterhaltsames und Aufschlussreiches aus Kulturgeschichte und Forschung bieten.

REZEPTVERZEICHNIS

Bauernkrapfen, woazene, mit warmem Heidelbeerkompott 45
Braciole ai mirtilli 40
Brokkolisalat, beeriger 32
Ceviche vom Zander 30
Cointreau-Heidelbeeren 42
Eierschwammerl mit Heidelbeeren und Heurigen 37
Energiewürfel 52
Erbsensoufflé mit Heidelbeersalat 32
Fruchtauflauf mit Whisky 50
Gänsekeulen mit Pastinaken und Edelkastanien 38
Gugelhupf, flaumig-beeriger 51
Heidelbeer-Aufguss 56
Heidelbeer-Cocktail 54
Heidelbeer-Eistarte, beschwipste, mit Mandelboden 49
Heidelbeer-Eistee 52
Heidelbeer-Granita 42
Heidelbeer-Kaltschale 29
Heidelbeer-Kwass 54
Heidelbeer-Mundspülung 56
Heidelbeer-Risotto 34
Heidelbeer-Shake, leichter 54
Heidelbeer-Shrub 53
Heidelbeer-Streusel-Muffins 47
Heidelbeer-Waschung 56
Heidelbeerchutney 28
Heidelbeerdatschi 44
Heidelbeerdip, heißer 31
Heidelbeeressig 53
Heidelbeerlikör, cremiger 55
Heidelbeerlikör, flotter 55
Heidelbeerlikör, klassischer 55
Heidelbeermarmelade 41
Heidelbeersalat mit Erdnussdressing 31
Heidelbeersauce, einfache, aus dem Mittelalter 28
Heidelbeersenf 27
Heidelbeertörtchen, knusprige 47
Heidelbeertorte für Rawfoodistas 50
Heidelbeertorte ohne Backen 48
Heidelbeerwein 56

Hirschsteaks mit Heidelbeerportwein 40
Hokkaido-Gratin 36
Kalbsmedaillons, gefüllte, mit Mohnkartoffeln 39
Kastanien-Pekannuss-Karamell mit Kohlsprossencurry 35
Lauch-Tarte-Tatin mit violetter Limetten-Aioli 37
Maispudding, violetter 46
Mangoldsalat mit Granatapfeldressing 33
Mousse vom Gorgonzola mit Heidelbeeren und Rosmarin 30
Müsli am Stiel 43
Nicecream mit Lavendel 42
Ofenzwiebeln, fruchtige 35
Overnight-Hafermüsli 29
Parfait vom Gorgonzola mit Heidelbeeren und Rosmarin 30
Pfirsich, gefüllter, aus dem Ofen 44
Risotto ai mirtilli 34
Rotkrautsalat mit Heidelbeeren und karamellisierten Walnüssen 34
Schokotrüffelcreme mit Heidelbeer-Spiegel 43
Schwarzbeernocken 44
Schwarzbeernocken, Südtiroler 45
Schweinskoteletts, geschmorte, mit Heidelbeeren 40
Sherryfisolen mit Heidelbeeren 33
Zwiebelconfit, violettes 27